AF225351

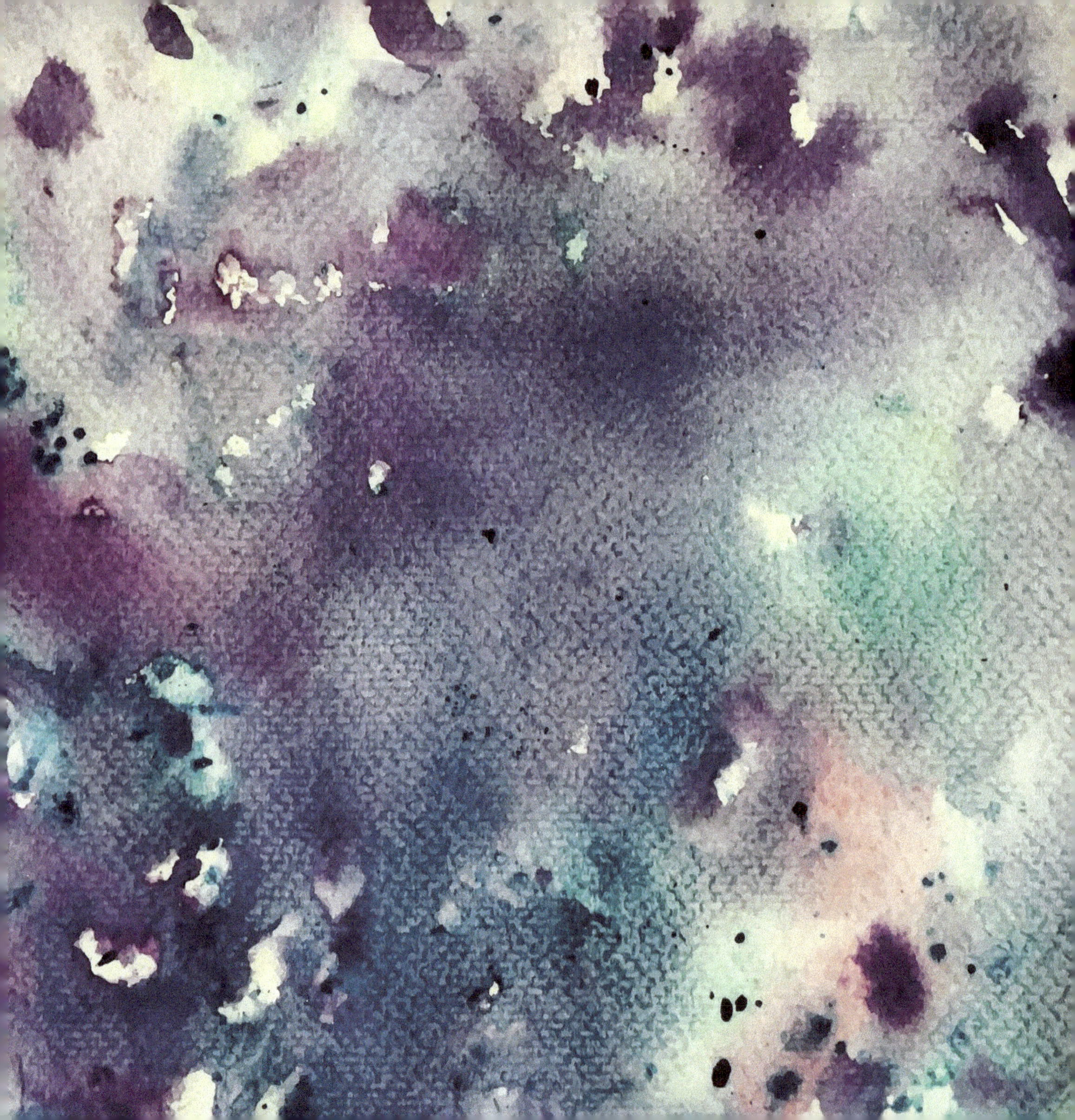

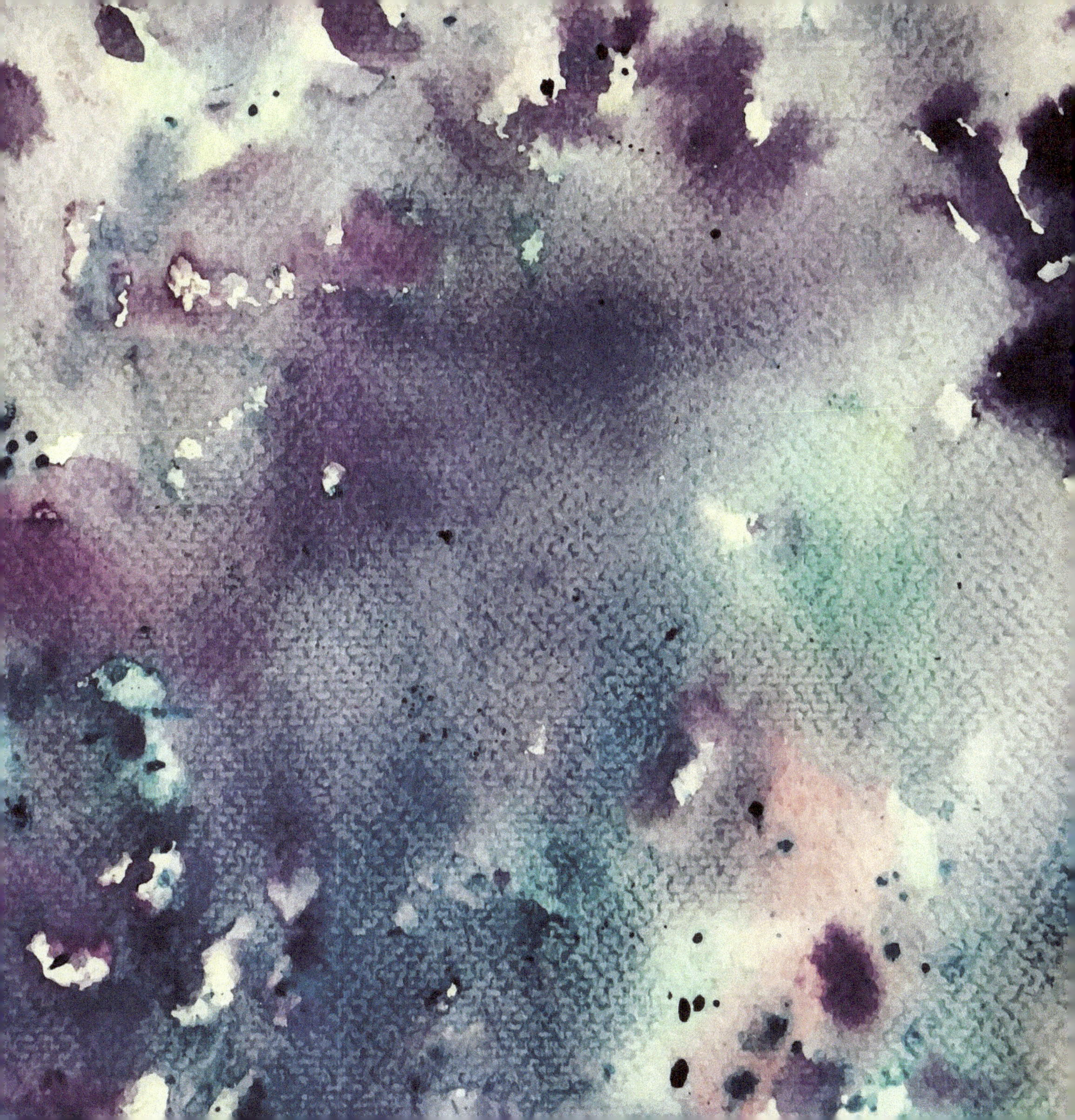

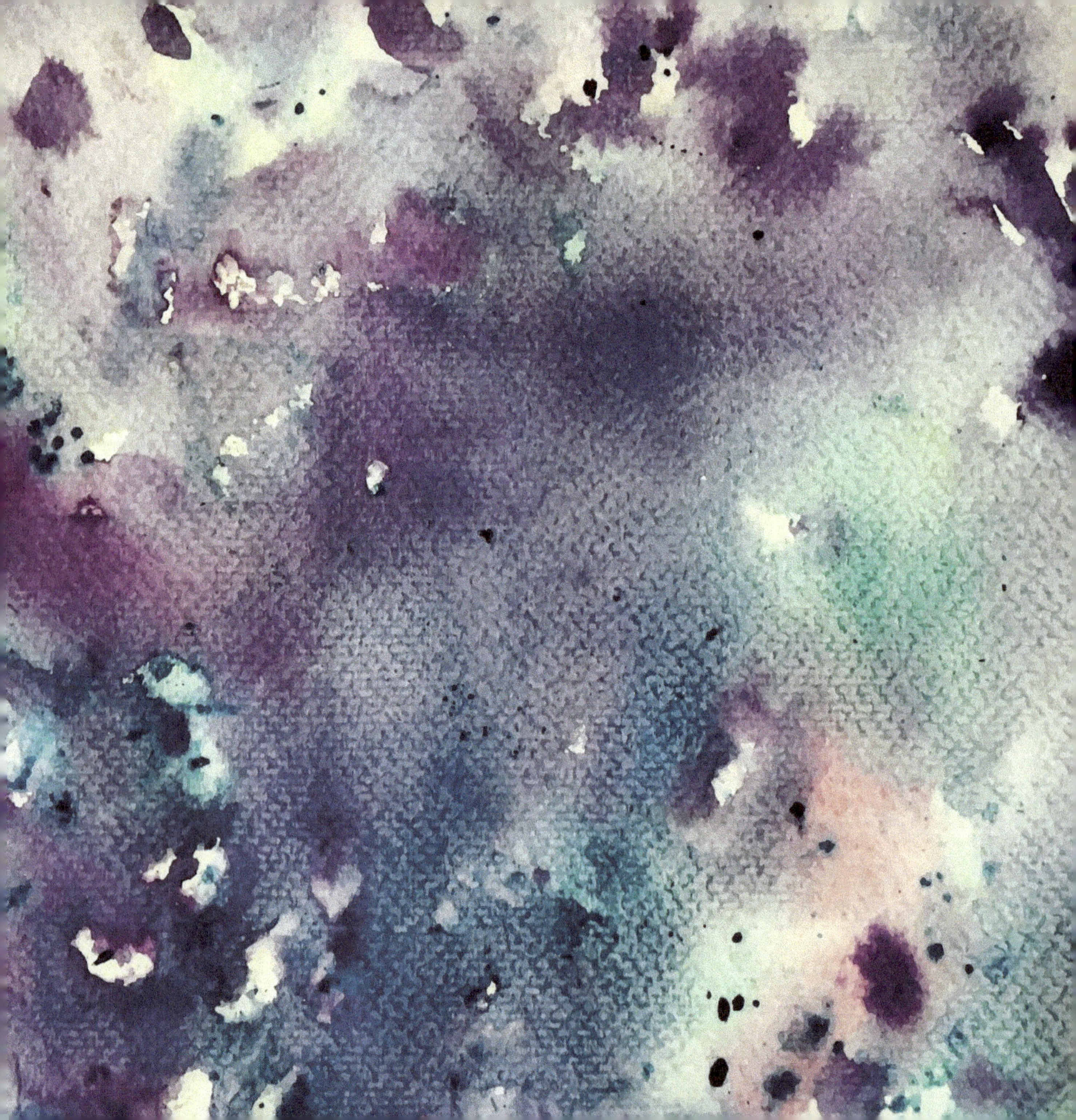

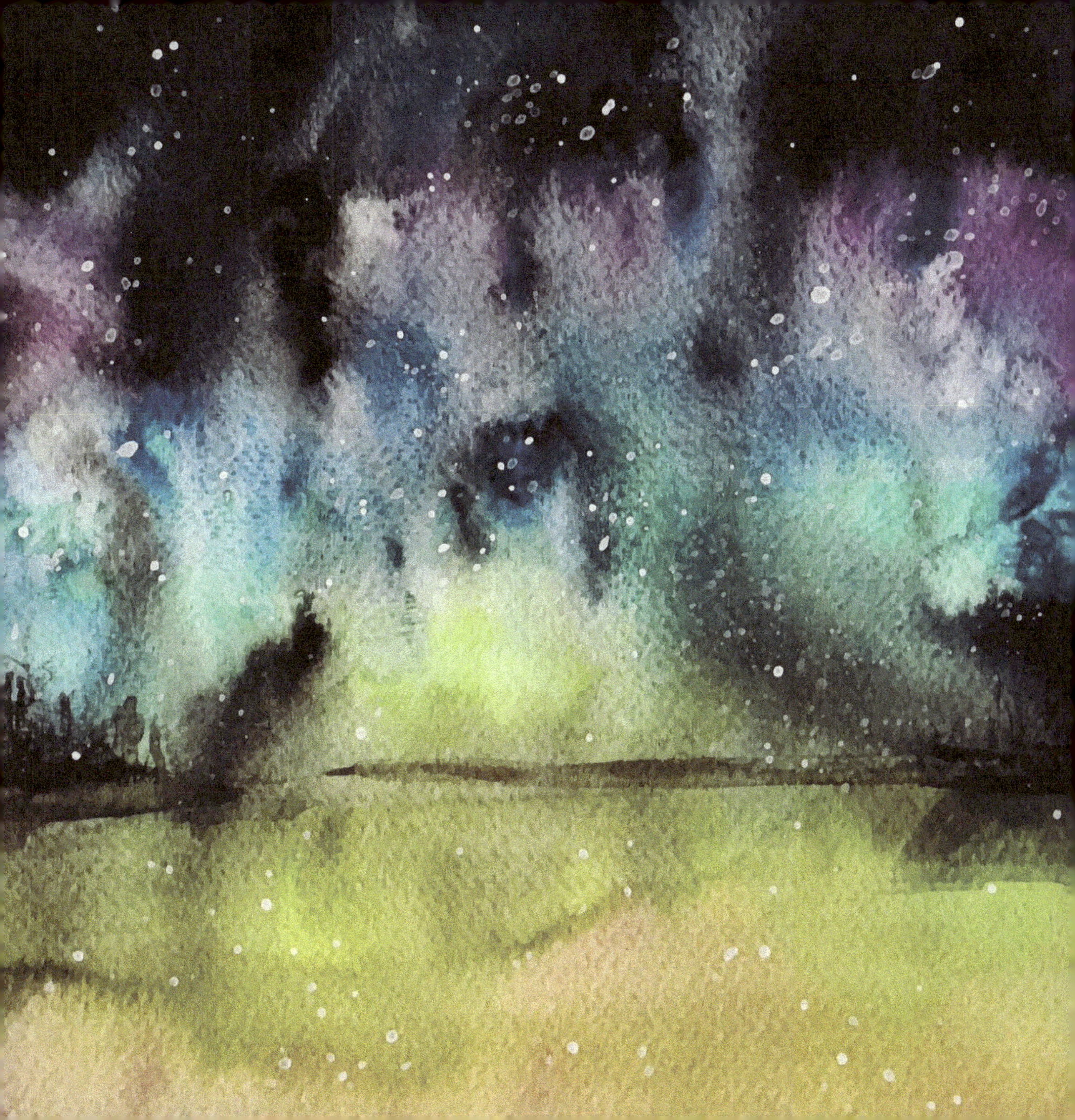

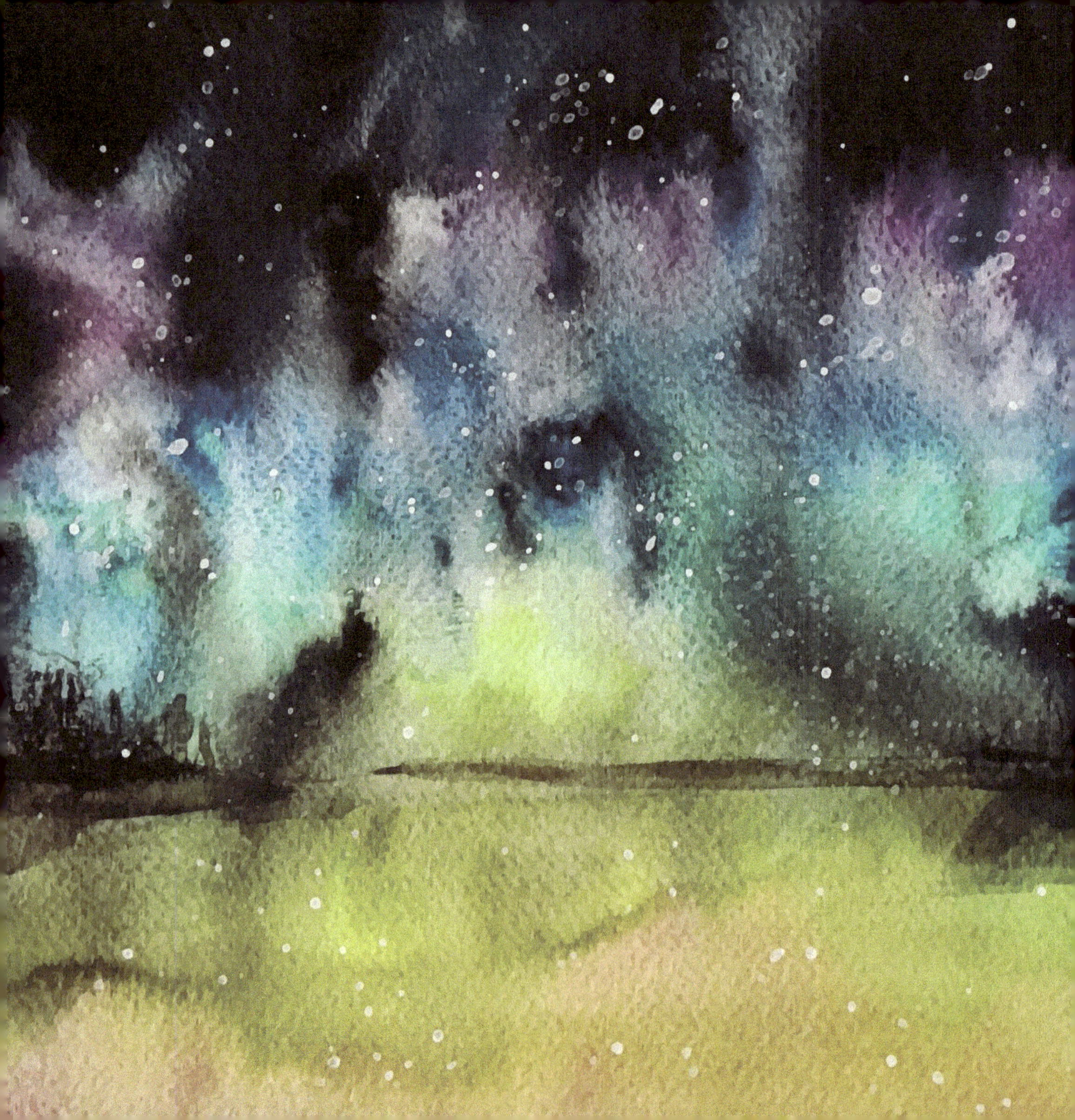

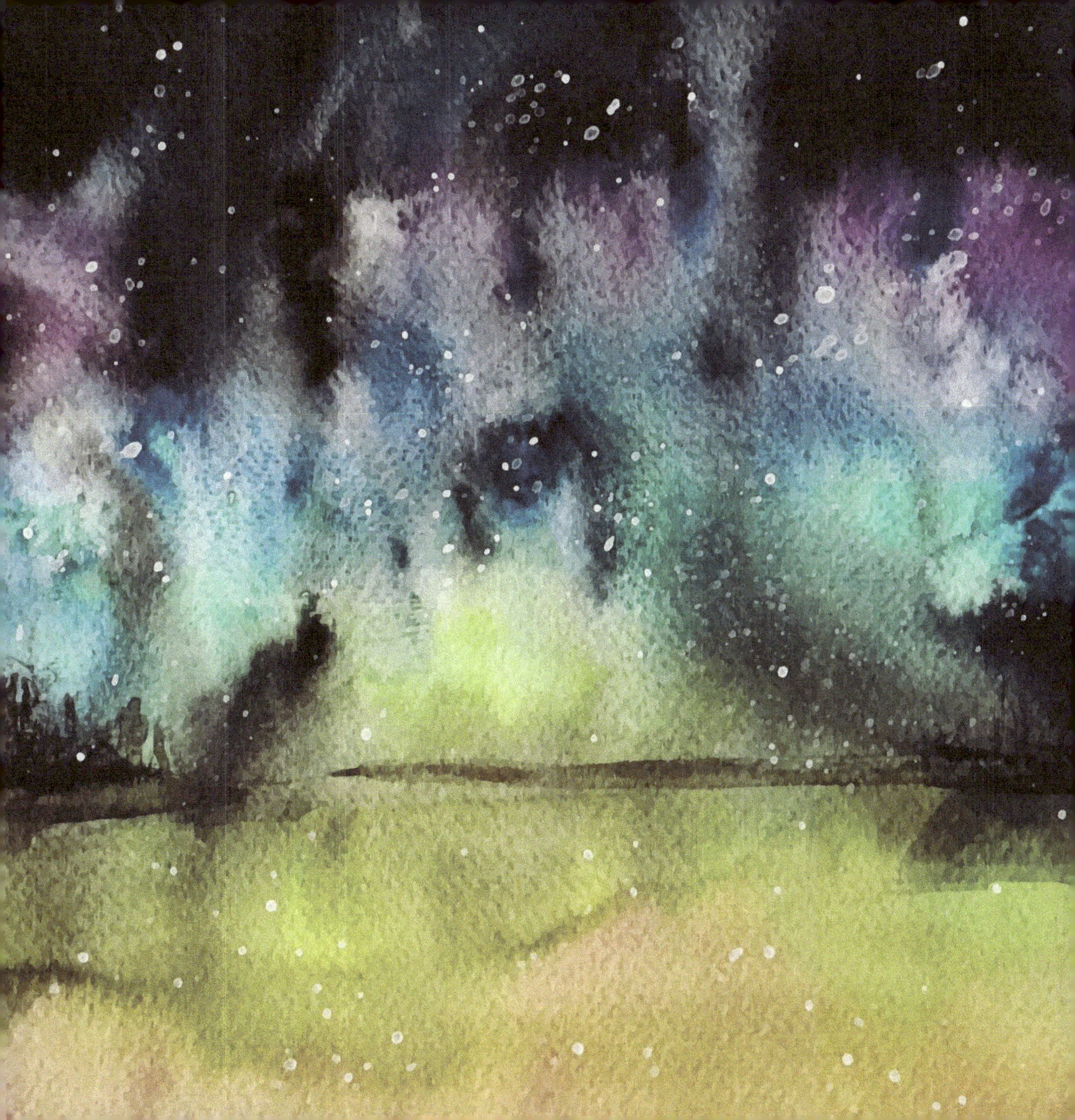

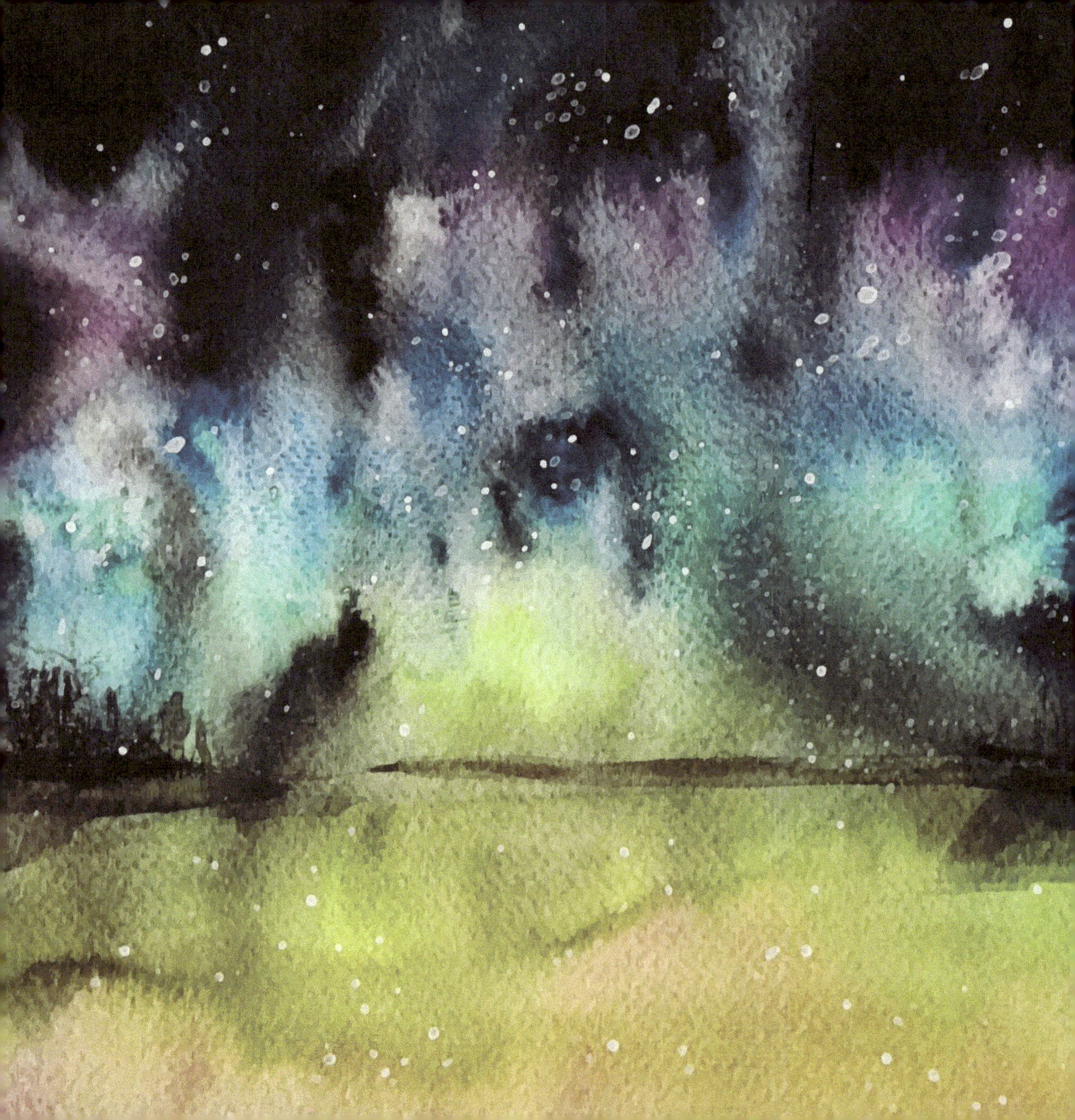

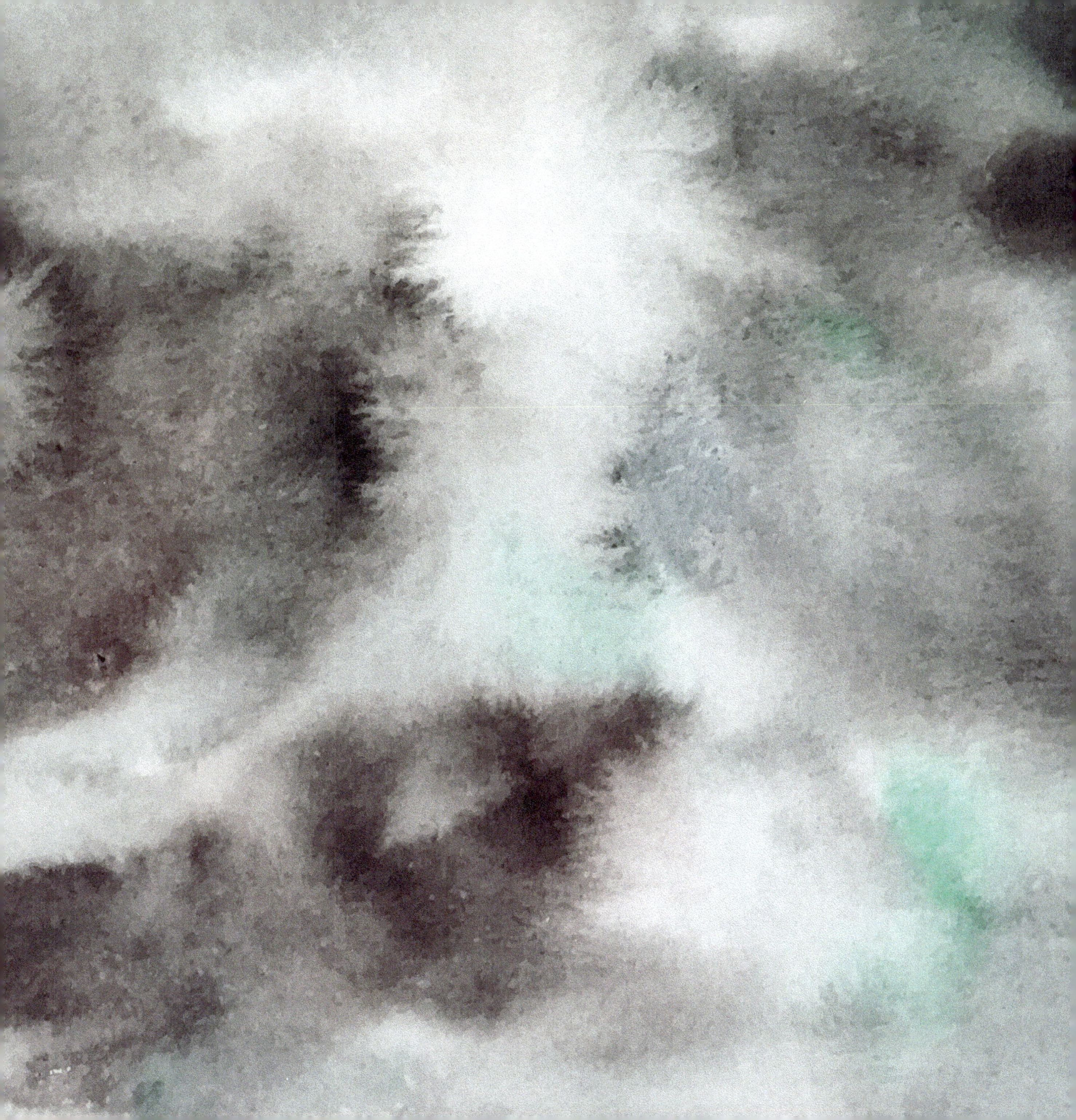

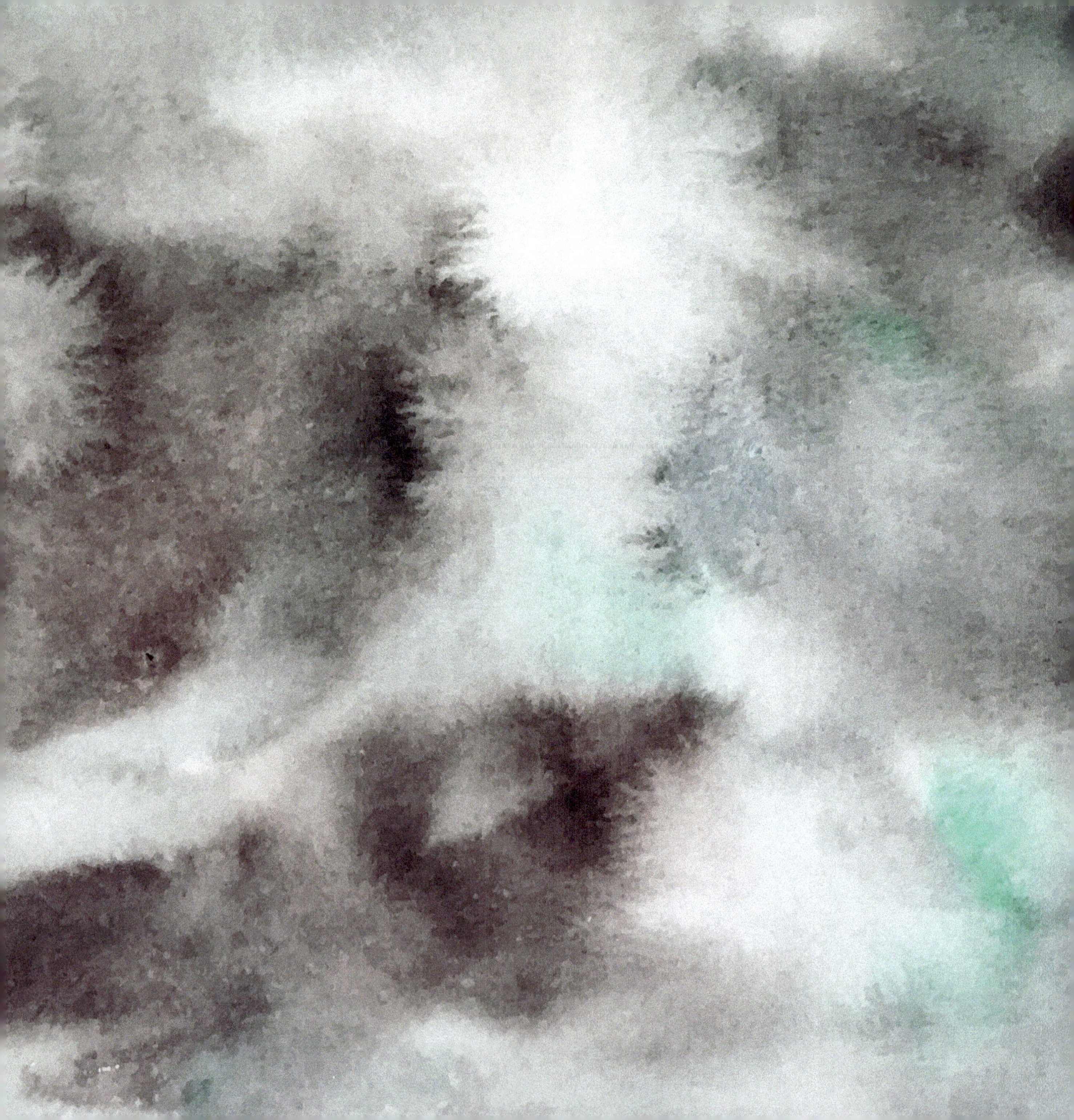

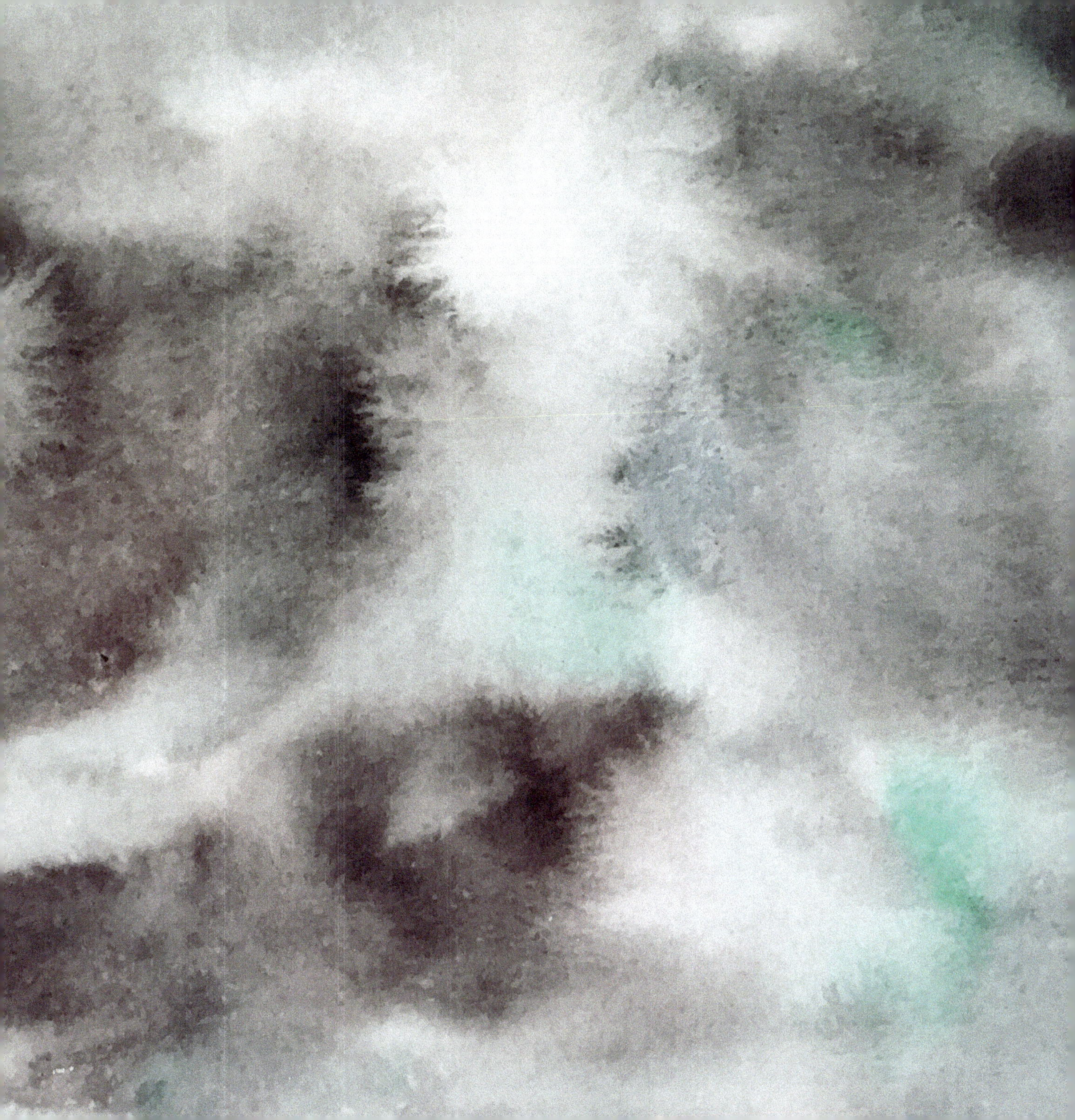

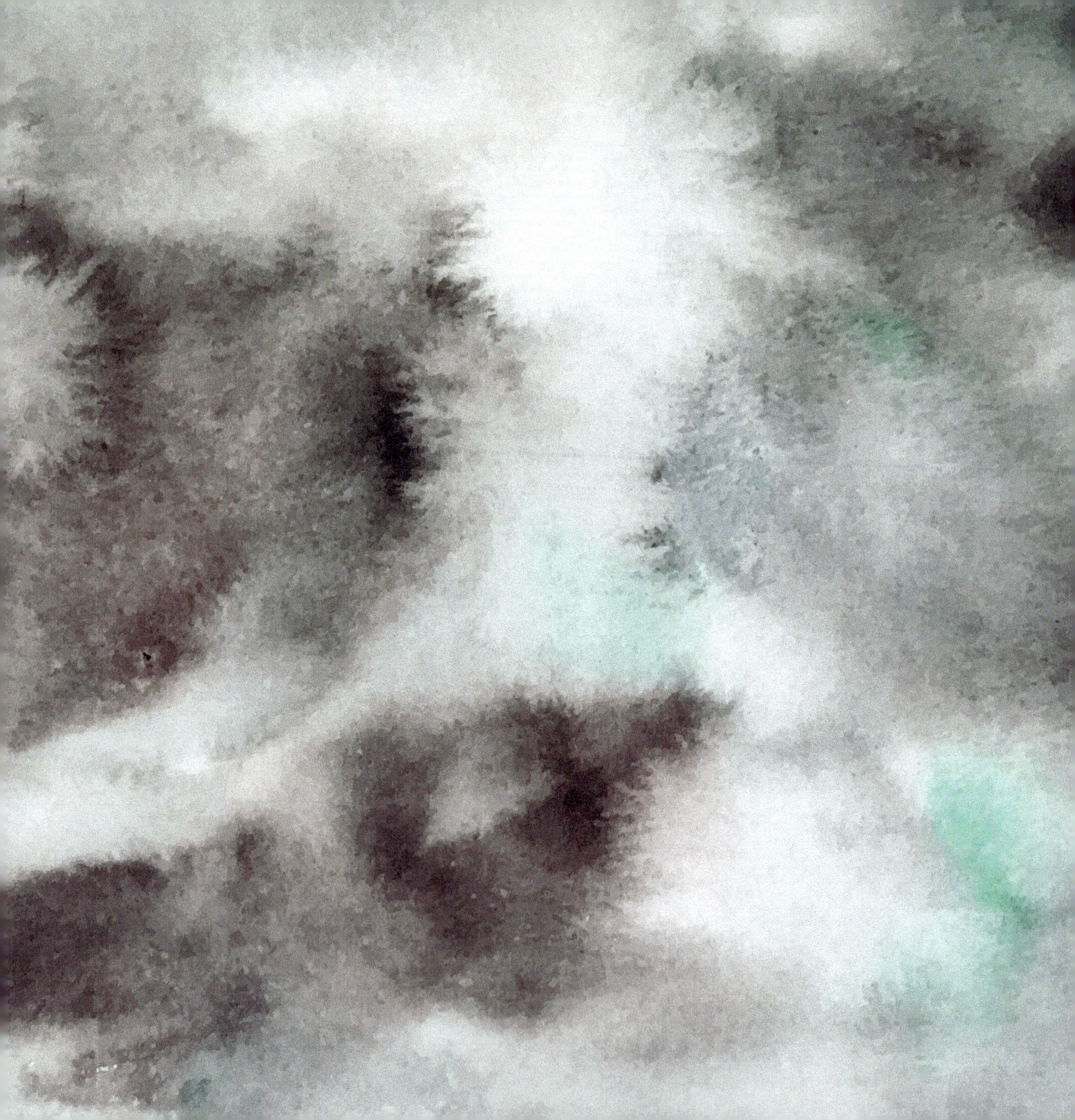

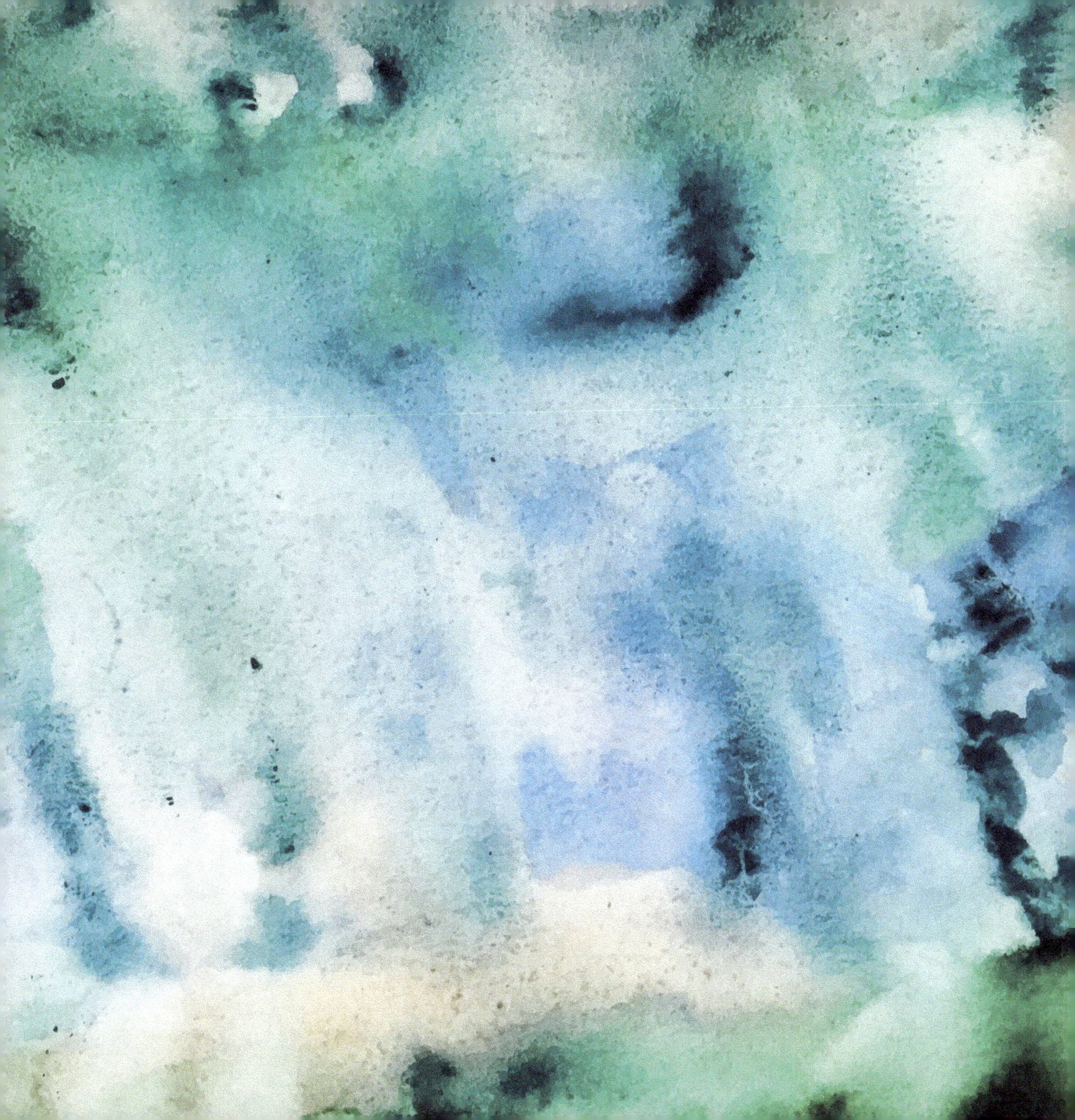

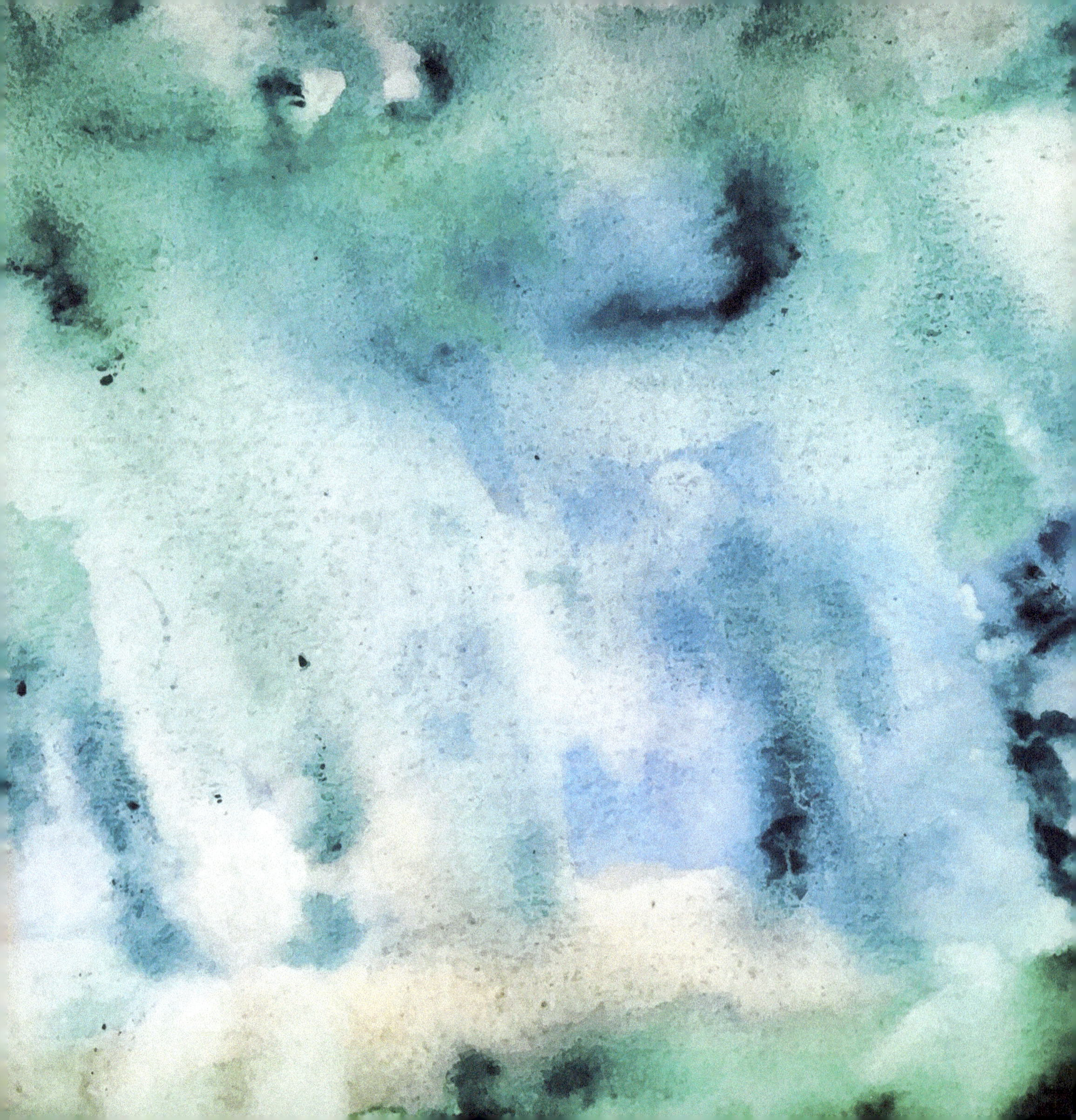

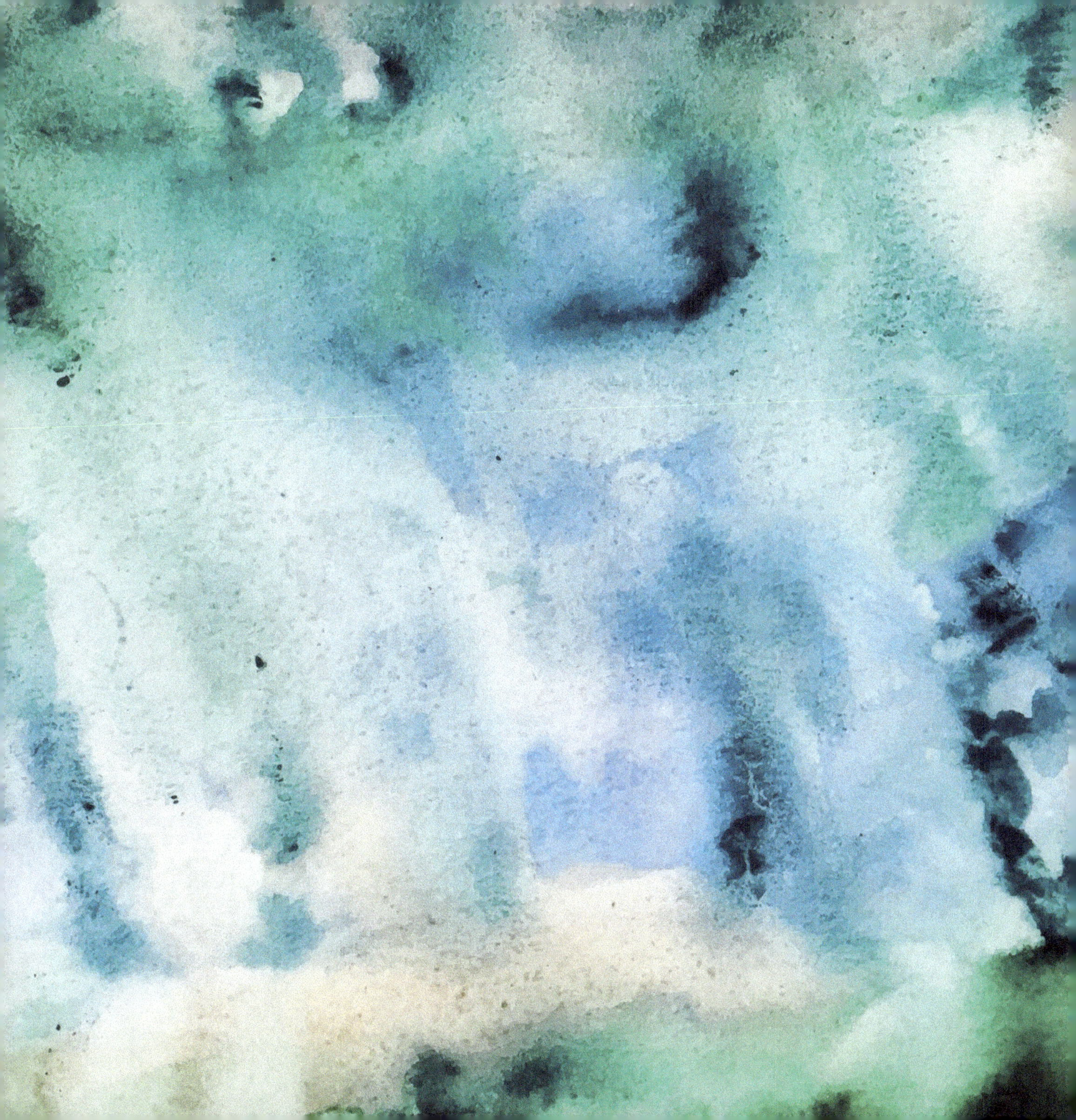

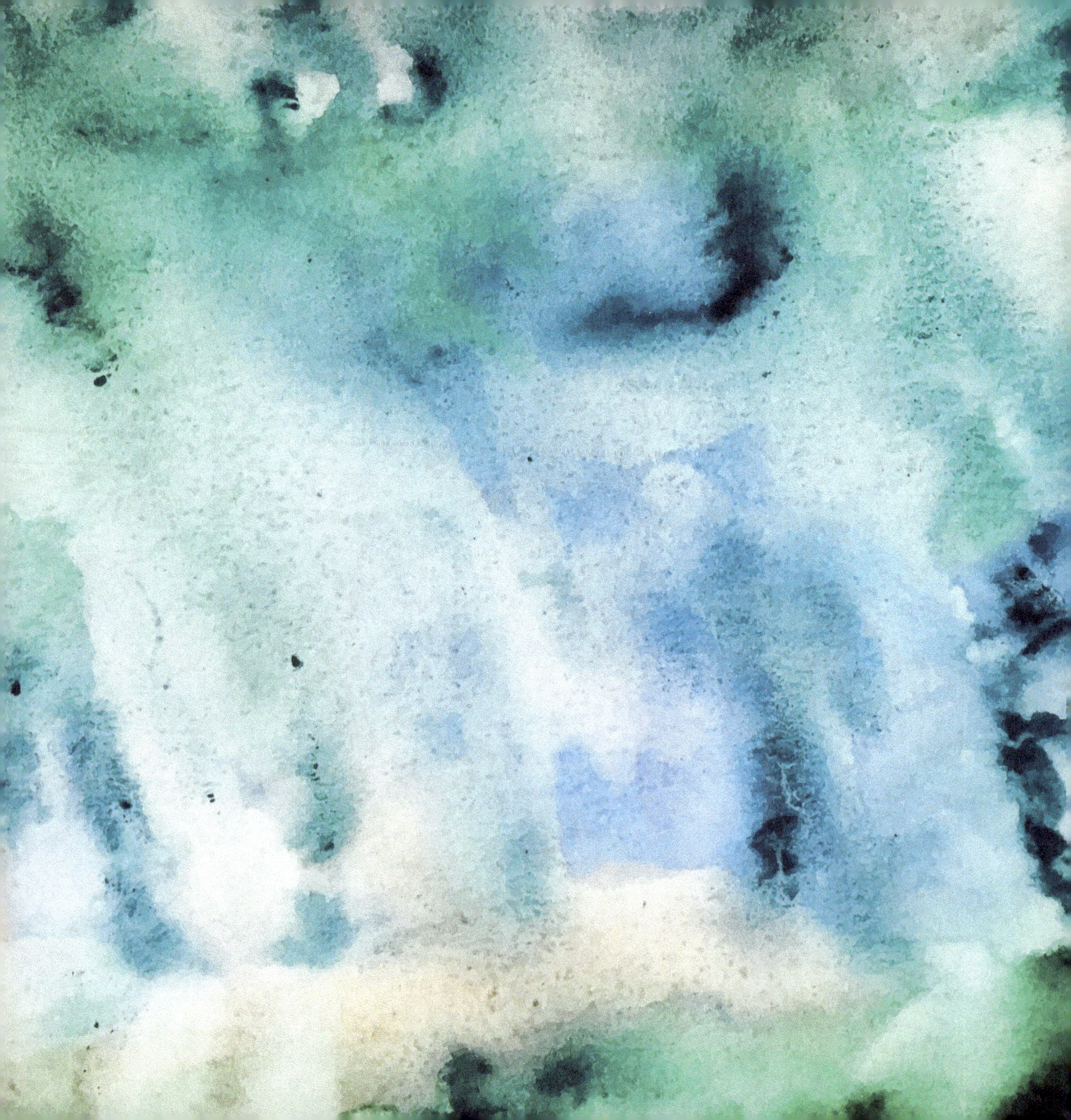